übe weiterhin wolke zu sein - gib nicht auf

Werk

Das Große Freiheitswort, das den Kern dieses Werkes bildet, gründet sich in der Kraft jener zweitausendjährigen Schrift, die unter dem Namen „Eintritt in den Kosmos der Wahrheit" („Gandavyuha" - das abschließende Buch der Avatamsaka- bzw. der Kegon-Schriften) von Menschen weitergegeben wird, die nicht nur den inneren Frieden pflegen, sondern sich auch dazu befähigen wollen, diesen Frieden anderen Wesen bringen zu können.

Seit Menschen wie Jesus und Gautama leibhaftig gezeigt haben, dass es im Rahmen menschlicher Möglichkeiten liegt, sich ernsthaft dem Weg des Lichtes zu widmen und durch Jahrtausende hindurch Milliarden von Menschen an die Freiheit zu erinnern, klingt jedes Bemühen, das geringer als dieses menschenmögliche ist, wie eine Ausrede. Sich der Größe menschlicher Freiheit zu stellen, dazu laden diese täglich gesprochenen Worte der inneren Reinigung ein. Sie erinnern diejenigen, die sie sprechen und im Herzen bewegen, an das, was wahrhaft menschlich möglich ist. Sie sind Bittrufe, welche die Nebelschwaden im Denken vertreiben; sie sind Bittrufe, die das eingefrorene Herz in die Sonne halten; sie sind Bittrufe, die den versteinerten Körper in Bewegung setzen.

Statt auf kleinmütige Weise einem humanistischen, christlichen oder buddhistischen Denken verhaftet zu sein, ermöglichen die Worte der Freiheit auf frische Weise neu menschlich, jesuanisch und gautamisch großmütig zu denken.

Herausgeberschaft

Menschen, die das Üben des Friedens unterstützen oder sich selbst dem täglichen Üben widmen, liegt das Weitergeben der Schriften am Herzen, die den Weg des Friedens beschreiben. Unter dem Begriff „Blaue Zelle des Friedens" verstehen sie einen Ort, an dem Frieden geübt wird. Dieser Ort kann jeder Mensch sein.

Die Veröffentlichung dieses Buches ist durch Geldgeschenke möglich geworden. Angesichts der Tatsache, dass jedes Herausgeben von Friedensschriften einer erneuten Sammlung von Almosen bedarf, gibt es die Idee, diese Arbeit mit Hilfe einer Stiftung zu unterstützen. Solch eine Stiftung kann das Weitergeben der Friedensübungen auf eine ähnliche Weise schützen wie eine Universität das Studieren von Wissenschaften oder wie ein Kloster das Erlernen selbstloser Fähigkeiten. Menschen, die sich dazu berufen fühlen, müssen nicht immer über umfangreiche finanzielle Mittel verfügen, sie können auch gemeinsam mit anderen, die ebenfalls in der Gesellschaft etwas bewegen möchten, Stiftende werden. Jene, die den Friedensweg in Form einer Stiftung schützen wollen, sind eingeladen, an folgende Adresse zu schreiben:

Blaue Zelle c/o M. Landauer, Adenauerstr. 22, D-97232 Essfeld.

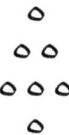

Blaue Zelle des Friedens [Hrsg.]

Das Licht der Freiheit

Worte der inneren Reinigung

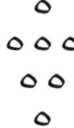

Bibliografische Information
der Deutschen Nationalbibliothek:
Die Deutsche Nationalbibliothek verzeichnet diese Publikation in der
Deutschen Nationalbibliografie; detaillierte bibliografische Daten sind
im Internet über http://dnb.dnb.de abrufbar.

kein © 2018
Herausgeberschaft: Blaue Zelle des Friedens
V.i.S.d.P.: Jürgen Jo Schäfer
Herstellung, Verlag: BoD – Books on Demand, Norderstedt
ISBN: 978-3-7528-1218-3

— Inhalt —

Gesänge in Licht und Freiheit

○ ○ ○

Vorwort

Unsere größte Angst ist nicht, unzulänglich zu sein.
Unsere größte Angst ist, grenzenlos mächtig zu sein.

Unser Licht, nicht unsere Dunkelheit,
ängstigt uns am meisten.

Wir fragen uns:
Wer bin ich denn, dass ich so brillant sein soll?

Aber dient es der Welt, sich klein zu machen?
Sich klein zu machen, nur damit Andere
sich nicht unsicher fühlen, hat nichts Erleuchtetes.

Wenn wir unser Licht scheinen lassen,
geben wir Anderen damit unbewusst die Erlaubnis,
es auch zu tun.

Wenn wir von unserer eigenen Angst befreit sind,
befreit unsere Gegenwart automatisch die Anderen.

○ ○ ○

aus der Antrittsrede von Nelson Mandela,
der Marianne Williamson zitiert
(nach 27 Jahren Haft wird ein Mensch Präsident des Landes,
das ihn in politischer Gefangenschaft gehalten hat)

◇ ◇ ◇

Dank

In Dankbarkeit neigen sich Stirn, Mund und Herz...

zu allen Übenden, deren Namen als Jo Schäfer und Tama Nowack wie Wind vorüberwehen und deren menschliches Sein darum bittet, Gebete der inneren Reinigung in einer Sprache für frei denkende Menschen zu verfassen.

zu allen Vorangehenden, deren Namen als Jesus von Nazareth und Siddhartha Gautama wie Wind vorüberwehen und deren menschliches Sein bezeugt, wie der Weg des Lichtes zu meistern sei.

zu allen Weisenden, deren Namen als Torakazu Doi wie Wind vorüberwehen und deren menschliches Sein Schriften zum Weg des Friedenbringens zugänglich macht.

zu allen Sammlungen von Schriften, deren Namen als Philokalie und Avatamsaka wie Wind vorüberwehen und deren wortwörtliches Sein Weisheitsschätze aufbewahrt.

zu allen Lehrenden, deren Namen als Heng Sure und Thich Nhat Hanh wie Wind vorüberwehen und deren menschliches Sein zeigt, wie Erfahrungen in Worte gefasst werden können.

zu allen Unterstützenden, deren Namen als Micha Landauer und Hannelore Hubert wie Wind vorüberwehen und deren menschliches Sein das Hören eines Weges begleitet.

zu allen Müttern und Vätern, deren Namen als Monika Böhme und Jörg Böhme wie Wind vorüberwehen und deren menschliches Sein das Üben ermöglicht.

zu allen Mitgehenden, deren Namen als Hovhannes Martinyan, Daniel Schlett, Beate Wand und Inga Bendiks wie Wind vorüberwehen und deren menschliches Sein daran erinnert, auf dem Weg der Freiheit Beistand erfahren zu können.

zu allen Nachkommenden, deren Namen als Anna Zoe Weinreich und Smilla Laska Wand wie Wind vorüberwehen und deren menschliches Sein daran erinnert, beständig weiterzugehen und weiter voranzugehen.

zu allen Gestalten, deren Namen als Schwanberg, Kirchenboden, Hainbuche, Hochstand, Einsiedelei, Mäuse, Quelle, Gavdos, Wüste, Meer, Höhle und Christos wie Wind vorüberwehen und deren irdisches Sein dazu einlädt, zu bleiben, zu lieben, zu beten, zu lernen und zu erinnern.

zu allem Namenlosen, das als Weite des Himmels, Weisheit des Herzens, Freiheit der Mitfühlenden und Licht der Meister von Milde und Güte nicht wie Wind vorüberweht und dessen nicht-menschliches Sein inmitten von Verwirrung daran erinnert, worauf das Herz auszurichten sei.

zu allen Wesenskräften, welche Erinnerung, Klarheit und Hingabe einem menschlichen Sein schenken, dessen Name wie Wind vorüberweht, betend, hörend und niederschreibend, dem Licht der Freiheit zu dienen.

◌ ◌ ◌

◦ ◦ ◦

Widmung

Dieses Buch ist jenen gewidmet,
die frei von Angst leben möchten,
die frei von Verwirrung sein möchten,
die frei von Härte und Hass werden möchten,
die frei von Hunger und Gier werden möchten,
die frei von Kälte und Stumpfheit werden möchten.

○ ○ ○ ○ ○ ○ ○ ○ ○

Tägliche Erinnerungen

○ ○ ○ ○ ○ ○ ○ ○ ○ ○

◇ ◇ ◇

Erinnerung am Morgen

Möge ich hören.
Möge ich ein reines Herz bewahren.
Möge ich schlicht und einfach leben.

Möge ich Frieden hinterlassen, wenn ich heute sterbe.
Möge ich Frieden hinterlassen, wenn ich heute lebe.
Möge ich diesen einen Tag dem Frieden widmen.

Möge ich hören.
Möge ich ein reines Herz bewahren.
Möge ich schlicht und einfach leben.

Möge ich Ja sagen, wenn das Ja dem Frieden dient.
Möge ich Nein sagen, wenn das Nein dem Frieden dient.
Möge ich schweigen, wenn die Stille dem Frieden dient.

Möge ich hören.
Möge ich ein reines Herz bewahren.
Möge ich schlicht und einfach leben.

Möge ich stehenbleiben, wenn der Standpunkt dem Frieden dient.
Möge ich weitergehen, wenn der Schritt dem Frieden dient.
Möge ich ein Weg sein, der dem Frieden dient.

Möge ich hören.
Möge ich ein reines Herz bewahren.
Möge ich schlicht und einfach leben.

◇ ◇ ◇

◌ ◌ ◌

Dank und Bitte zu Tagesbeginn

In Dankbarkeit neigen sich Stirn, Mund und Herz
zur Weite des Himmels, die an die Freiheit erinnert.

In Dankbarkeit neigen sich Stirn, Mund und Herz
zur Weisheit des Herzens, die den Weg des Friedens lehrt.

In Dankbarkeit neigen sich Stirn, Mund und Herz
zum Mitgefühl all derer, die den Frieden bewahren.

In Dankbarkeit neigen sich Stirn, Mund und Herz
zum Licht der Meister, die Milde und Güte zeigen.

Weite des Himmels,
weite das Denken, Reden und Handeln.
Weisheit des Herzens,
reinige das Denken, Reden und Handeln.
Gefährten des Weges,
schützt das freie Denken, Reden und Handeln.

Meister des Lichts,
helft mir, milde und gütig zu sein,
helft mir, ein offenes Herz zu bewahren,
helft mir, allen Wesen Frieden zu bringen,
Meister des Lichts, steht mir bei.

◇ ◇ ◇

Bitte um Geduld

Bitten wir uns, Geduld zu haben,
gegen alles Ungelöste im Herzen
und versuchen wir, die Fragen selbst lieb zu haben,
wie verschlossene Stuben
und wie Bücher,
die in einer sehr fremden Sprache geschrieben sind.
Forschen wir jetzt nicht nach den Antworten,
die uns nicht gegeben werden können,
weil wir sie nicht leben könnten.
Es handelt sich darum, alles zu leben.
Leben wir jetzt die Fragen.
Vielleicht leben wir dann allmählich,
ohne es zu merken, eines fernen Tages
in die Antwort hinein.

Die Weisheit sagt: Ich bin Nichts.
Und die Liebe sagt: Ich bin Alles.
Möge ich in Liebe und in Weisheit leben.

nach einem Briefauszug, durch Rainer Maria Rilke entstanden

◇ ◇ ◇

Erinnerung am Mittag

Möge ich eine Wolke werden,
die in tausend Richtungen
mit dem Wind zu ziehen weiß,
eine Wolke, die Frieden bringt.

Möge ich eine Wolke werden,
die am Mittag Schatten spendet
und die erhitzten Gemüter kühlt,
eine Wolke, die Frieden bringt.

Möge ich eine Wolke werden,
die an dürren, staubigen Tagen
mit Regen alle Wesen erfrischt,
eine Wolke, die Frieden bringt.

Möge ich eine Wolke werden,
die mit leise fallendem Schnee
alles in Reinheit und Stille taucht,
eine Wolke, die Frieden bringt.

Möge ich eine Wolke werden,
die das Lachen der Sonne
in Regenbogenfarben verschenkt,
eine Wolke, die Frieden bringt.

Möge ich eine Wolke werden,
die voller Zartheit den Mond umgibt
und sein Licht weiter scheinen lässt,
eine Wolke, die Frieden bringt.

Möge ich eine Wolke werden,
die schönes Wetter verkündet,
eine freundliche Schäfchenwolke,
eine Wolke, die Frieden bringt.

Möge ich eine Wolke sein,
die aus dem Meer aufsteigt,
einzig dem Leben zu dienen,
eine Wolke, die Frieden bringt.

◇ ◇ ◇

Erinnerung am Abend

Mögen all Wesen,
die um Frieden bitten,
Frieden erfahren.

Inmitten von Härte, Kälte und Hunger,
inmitten von Verwirrung und Angst,

mögen sie mitfühlen
und milde und gütig sein können,

mögen sie das Herz offen halten
und sich in Hingabe verschenken können,

mögen sie sich des Lichtes
und der Einheit aller Wesen erinnern können,

mögen sie einander Wegweisung sein
und den Weg des Friedens weitergeben können.

Mögen alle Wesen,
die Frieden üben,
zum Frieden werden.

◇ ◇ ◇

◇ ◇ ◇

Erinnerung für die Nacht

Möge ich der Meister des Friedens gedenken,
mögen die Friedenden Licht mir schenken,
möge das Licht mir die Nacht erhellen,
mögen Ströme von Weisheit quellen.

Möge das Herz sich öffnen und weiten,
mögen mich liebende Wesen begleiten,
möge ich ihren Schutz erfahren,
mögen die Schützenden mich bewahren.

Mögen die Lichtenden bei mir stehen,
möge ich Milde und Güte sehen,
möge ich Zuflucht nehmen zu ihnen,
möge der Schlaf dem Frieden dienen.

◇ ◇ ◇

Das grosse Freiheitswort

(1)
Möge ich diesen einen Tag
in der Freiheit des Geistes wohnen können,
möge ich in einer Zartheit leben, die alle Nöte der Wesen versteht,
möge ich in einer Stille leben, die alle Boten des Friedens erkennt,
möge ich in einer Weite leben, die alle Gestalten des Lichtes sieht,
möge ich jederzeit wahrnehmen, dass alles aus Licht besteht.

(2)
Möge ich diesen einen Tag
zahlreiche Werke der Reinheit und Güte vollenden können,
möge ich den Vorangegangenen dienen, deren Licht mir den Weg weist,
möge ich nicht ruhen, wenn die Wesen um Unterweisung bitten,
möge ich wie ein Leuchtturm die Strahlen der Weisheit leuchten lassen,
möge ich immer die rechte Zeit des Lehrens kennen.

(3)
Möge ich diesen einen Tag
klar und rein wie der weite, leere Raum sein können,
möge ich mich auf jene Weisheit besinnen, die groß genannt wird,
möge ich jene Barmherzigkeit üben, die allumfassend genannt wird,
möge ich mich frei von allen Zweifeln halten,
möge ich in allem ein reines Herz bewahren.

(4)
Möge ich diesen einen Tag
das Meer der tausend Gestalten des Lebens erfassen können,
möge ich das Meer der tausend Sprachen der Wesen verstehen,
möge ich das Meer der tausend heiligen Lehren im Herzen erfahren,
möge ich tief in jedes Meer eintauchen, um allen Wesen zu helfen,
möge ich zu jeder Zeit für jedes Wesen das rechte Wort kennen.

(5)
Möge ich diesen einen Tag
vollkommen frei, grenzenlos und weit sein können,
möge ich in der Unzerstörbarkeit ein Zuhause finden,
möge ich in einer Stille des Geistes wohnen, die allen Wesen leuchtet,
möge ich Körper und Geist rein und zart und feinsinnig halten,
möge ich jene Wahrheit verinnerlichen, die beständig ist.

(6)
Möge ich diesen einen Tag
auf dem Weg der Wahrhaftigkeit bleiben können,
möge ich mich in einer Weisheit gründen, die alles Leben erfasst,
möge ich alle Wesen retten und schützen lernen,
möge ich auf jene Art und Weise reden, die allen Wesen hilft,
möge ich so reich an Güte sein, dass sie allen Wesen strahlt.

(7)
Möge ich diesen einen Tag
den Durst und den Hunger aller Wesen stillen können,
möge ich wie die Wolken alle Wesen mit Regen erfrischen,
möge ich wie die Sonne die Finsternis erhellen,
möge ich wie der Mond sein, der die Nacht in sanftes Licht taucht,
möge ich wie die Erde alle Wesen tragen und halten.

(8)
Möge ich diesen einen Tag
das Licht, das mir anvertraut ist, weiter tragen können,
möge ich das Reine rein halten und das Unreine hinter mir lassen,
möge ich in allem Denken, Reden und Handeln frei von Zeit sein
möge ich die Bedürfnisse der Wesen begreifen und ihnen helfen,
möge ich immer in der großen Weisheit des Herzens verweilen.

(9)
Möge ich diesen einen Tag
in aller Anstrengung frei von Müdigkeit sein können,
möge ich im Geist der Unerschütterlichkeit leben,
möge ich im Geist der Angstfreiheit verweilen,
möge ich im Geist der Unerschöpflichkeit wohnen,
möge ich jenen Geist bewahren, bei dem die Wesen Schutz suchen.

(10)
Möge ich diesen einen Tag
alle Wesen in die Freiheit führen können,
möge ich an nichts hängen und stets freimütig handeln,
möge ich mich nicht davon abhalten lassen, stets freimütig zu reden,
möge ich mich nicht verwirren lassen und stets freimütig denken,
möge ich wie der leere Raum vollkommen frei sein.

(11)
Möge ich diesen einen Tag
Täuschungen, Störungen und Irrlehren überwinden können,
möge ich wie der weite Raum sein, den das Feuer nicht verbrennt,
möge ich wie der weite Raum sein, den das Schwert nicht zertrennt,
möge ich wie der weite Raum sein, der keinen Widerstand kennt,
möge ich wie ein Diamant unzerstörbar das Licht leuchten lassen.

(12)
Möge ich diesen einen Tag
die zahllosen Zahlen des Lebens alle ergründen können,
möge ich die zahllosen Zeiten des Lebens alle begreifen,
möge ich die zahllosen Wesen des Lebens alle erfassen,
möge ich die zahllosen Boten des Friedens alle erkennen,
möge ich die zahllosen Gestalten des Lichtes alle bewusst erfahren.

(13)
Möge ich diesen einen Tag
unerschöpflich edle Taten schöpfen können,
möge ich jene Gütekraft meistern, die allen Lebenden Kraft gibt,
möge ich jene Reinheit meistern, die allen Herzen Frieden bringt,
möge ich jene Klarheit meistern, die allen Wesen ein Licht ist,
möge ich alle Wesen in Milde kleiden, damit sie nicht frieren.

(14)
Möge ich diesen einen Tag
wie die Wolken für alle Wesen regnen können,
möge ich eine Wolke sein, die Anmut und Edelmut regnen lässt,
möge ich eine Wolke sein, die Großmut und Langmut regnen lässt
möge ich eine Wolke sein, die Sanftmut und Demut regnen lässt,
möge ich tausendfach Weisheit und Mitgefühl regnen lassen.

(15)
Möge ich diesen einen Tag
ein lebendiges Beispiel der Unzerstörbarkeit sein können,
möge ich unzerstörbare Werke des Guten verrichten,
möge ich unzerstörbare Weisheit weitergeben,
möge ich unzerstörbare Zufluchtsstätten bauen,
möge ich jeden Augenblick in der Unzerstörbarkeit verweilen.

(16)
Möge ich diesen einen Tag
alle Wesen von Angst befreien können,
möge ich die am Boden Liegenden sanft und gütig aufrichten,
möge ich den Verwirrten die Medizin der Weisheit reichen,
möge ich für die Betäubten jene Kraft sein, die dem Leben dient,
möge ich jederzeit an die Vergänglichkeit erinnern.

(17)
Möge ich diesen einen Tag
in allen Gestalten des Lebens Weisheit sehen können,
möge ich in der Stille das Echo als Echo erklingen lassen,
möge ich in der Klarheit die Träume als Träume erscheinen lassen,
möge ich in der Leere des Spiegels den Spiegelbildern Freiraum geben,
möge ich die Freiheit, die allem zu Grunde liegt, bewahren.

(18)
Möge ich diesen einen Tag
voll von großer Barmherzigkeit sein können,
möge ich mit der Kraft des Regens die Leidenschaftlichen kühlen,
möge ich mit der Kraft der Sonne die Finsteren erhellen,
möge ich mit der Kraft des Windes die Müßigen vorantreiben,
möge ich inmitten von Mitgefühl, Gnade und Milde wohnen.

(19)
Möge ich diesen einen Tag
die Wesen aus den Qualen der Hölle herausreißen können,
möge ich wie der Sturmwind die Türme der Lügen zerstören,
möge ich wie der Wüstenwind die Sümpfe der Faulheit austrocknen,
möge ich wie der Frühlingswind die Kälte der Kriege vertreiben,
möge ich in den Herzen aller Wesen Blumen wachsen lassen.

(20)
Möge ich diesen einen Tag
allen Wesen in allen Gestalten dienen können,
möge ich wie die Maler alle Farben beherrschen,
möge ich wie die Bildhauer alle Formen hervorbringen,
möge ich wie die Tänzer alle Bewegungen meistern,
möge ich in allen Richtungen die Wesen erfreuen.

(21)
Möge ich diesen einen Tag
in allen Störungen wahrhaftig weise handeln können,
möge ich die Fesseln aller Leidenschaften sprengen,
möge ich die große Menge an Zerrbildern überwinden,
möge ich alle Hindernisse und Widerstände vernichten,
möge ich in allem Handeln gleichmütig und unbefangen sein.

(22)
Möge ich diesen einen Tag
in vollkommener Lauterkeit denken, reden und handeln können,
möge ich die Wesen aus dem Meer der verzerrten Ansichten befreier
möge ich die rechte Zeit des Schweigens und Redens kennen,
möge ich in aufflammenden Leidenschaften ruhig und kühl bleiber
möge ich frei sein vom wogenden Meer der vielen Meinungen.

(23)
Möge ich diesen einen Tag
alle Streitigkeiten vertreiben können,
möge ich mit den Zeichen und Sprachen der Wesen vertraut sein,
möge ich immer auf angenehme Weise sprechen,
möge ich in allen Augenblicken reine Weisheit leuchten lassen,
möge ich wie der leere Raum frei und klar und weit sein.

(24)
Möge ich diesen einen Tag
alle Zusammenhänge des Lebens ergründen können,
möge ich in der Stille des Geistes tief in diamantene Weisheit taucher
möge ich in der Reinheit des Herzens vollendetes Mitgefühl erfahrer
möge ich in jener Kraft des Lichtes stehen, die alles Leben erhellt,
möge ich das Erscheinen der Wolken von Grund auf kennen.

(25)
Möge ich diesen einen Tag
zahlreiche Vorgehensweisen der Befreiung aufzeigen können,
möge ich für jedes einzelne Wesen einen Weg in die Freiheit kennen,
möge ich die Weisheit der Befreiungswege allen zugänglich machen,
möge ich einen Wissensschatz sammeln, der unzerstörbar ist,
möge ich einen Aufbewahrungsort der Weisheit für alle errichten.

(26)
Möge ich diesen einen Tag
für alle Wesen ein Licht in der Welt sein können,
möge ich sehen, dass kein Wesen von einem anderen verschieden ist,
möge ich die Gleichzeitigkeit und Gleichheit von Augenblicken sehen,
möge ich jede Zeit als Vergangenheit, Zukunft und Gegenwart sehen,
möge ich vollkommen zeitlos in der ewigen Wahrheit wohnen.

(27)
Möge ich diesen einen Tag
unablässig als ein Strom des Friedens leben können,
möge ich in jedem Augenblick reine Werke strömen lassen,
möge ich zu jeder Zeit die Klarheit des Geistes strömen lassen,
möge ich jedes Entstehen und Vergehen strömen lassen,
möge ich niemals nachlassen im Üben der Werke des Friedens.

(28)
Möge ich diesen einen Tag
vollkommen im Geist der Gleichheit handeln können,
möge ich mich allen Wesen gleichermaßen hinneigen,
möge ich alle Orte gleichermaßen frei betreten,
möge ich alle Zeiten gleichermaßen offen betrachten,
möge ich frei von Vorlieben und Abneigungen sein.

(29)
Möge ich diesen einen Tag
alle Arten von Leidenschaften vernichten können,
möge ich wie Wasser das Feuer aller Begierden löschen,
möge ich wie Wind die Anhänglichkeiten an die Dinge zerstreuen,
möge ich wie ein Diamant jegliche Selbstsucht zerschneiden,
möge ich die Wesen vor lebensfeindlichen Handlungen bewahren.

(30)
Möge ich diesen einen Tag
allen Wesen das Licht der Freiheit offenbaren können,
möge ich alle Lehren, die heilig genannt werden, im Herzen begreifen,
möge ich die Kraft des klaren Lichts in tausend Gestalten erfahren,
möge ich offen sein für das Verborgene und seine Weisung verstehen,
möge ich Werke vollbringen, deren leuchtende Kraft beständig ist.

(31)
Möge ich diesen einen Tag
alle Wesen unterweisen und begleiten können,
möge ich wie die Sonne allen gleichermaßen mit Weisheit leuchten,
möge ich wie der Mond die in der Finsternis Gefangenen erhellen,
möge ich jene Wahrheit verwirklichen, die wahrhaft beständig ist,
möge ich alle Lehren schützen, die den Weg der Freiheit zeigen.

(32)
Möge ich diesen einen Tag
vollkommen frei denken, reden und handeln können,
möge ich in allen Umständen rein und unbefangen sein,
möge ich frei von Finsternis und Blindheit bleiben,
möge ich inmitten von Geschäftigkeit ein lauteres Herz bewahren,
möge ich in der grenzenlosen Freiheit des Lichts leben lernen.

(33)
Möge ich diesen einen Tag
so leben, als wäre er der letzte und einzige Tag im Leben:
möge ich mit jedem Atemzug der Meister des Lichts gedenken,
möge ich mit jedem Atemzug die Gelichteten um Beistand bitten,
möge ich mit jedem Atemzug alle Wesen an die Freiheit erinnern,
möge ich dem Licht des Friedens als Bote zur Verfügung stehen.

○ ○ ○ ○ ○ ○ ○ ○ ○

WEITERE ERINNERUNGEN

○ ○ ○ ○ ○ ○ ○ ○ ○

◇ ◇ ◇

Gebet eines Kindes

Mögen die Albatrosse
mit den Möwen
durch alle Wolken gleiten,
mögen sie zart und kraftvoll
Wolke um Wolke weiten.

Mögen sie jauchzen
in Gischt und Regen,
mögen sie lachen und tanzen
und schreien den Wegen
der Blaumeereszeit.

Möge ihr Flug sie tragen
wie der Himmel den Flug,
mögen sie Himmel wagen
und sanft wieder landen
in hell erwachtem Silberkleid.

◇ ◇ ◇

◇ ◇ ◇

Die Freiheit des Geistes

Der Geist ist leer, der Geist ist licht,
der Geist ist still, der Geist ist nicht.

Der Geist ist rein, der Geist ist klar,
der Geist ist hell, der Geist ist wahr.

Der Geist ist naiv und zu allem bereit,
der Geist eines Kindes ist offen und weit.

Der Geist ist ursprünglich vollkommen frei,
der Geist ist im Grunde ein Nackedei.

Der Geist ist leer, der Geist ist licht,
der Geist ist still, der Geist ist nicht.

Der Geist ist rein, der Geist ist klar,
der Geist ist hell, der Geist ist wahr.

◇ ◇ ◇

Die Freiheit des Lebens

Der Wind ist frei geschenkt, der mich singt.
Der Regen ist frei geschenkt, der mich trommelt.
Die Sonne ist frei geschenkt, die mich lacht.
Der Schnee ist frei geschenkt, der mich tanzt.
Der Stern ist frei geschenkt, der mich lichtet.
Der Mensch ist frei geschenkt, der mich liebt.
Pflanze, Mineral und Tier schenken mir
ihr Leben frei, mir zum Leben.

◇ ◇ ◇

Erinnerung an den Himmel

Die Wolken entstehen,
die Wolken lösen sich auf.

Die Gedanken entstehen,
die Gedanken lösen sich auf.

Die Leben entstehen,
die Leben lösen sich auf.

Die Wolken kommen,
die Wolken gehen,

der Himmel bleibt.

◇ ◇ ◇

Gebet des Friedens

Möge ich ein Werkzeug sein des Friedens,
dass ich Liebe lebe, wo Hass ist,
dass ich Verzeihung übe, wo Beleidigung geschieht,
dass ich Verbundenheit zeige, wo es Streit gibt,
dass ich die Wahrheit sage, wo Irrtum herrscht,
dass ich Vertrauen bringe, wo Zweifel ist,
dass ich Zuversicht wecke, wo Verzweiflung quält,
dass ich ein Licht anzünde, wo Finsternis regiert,
dass ich Freude schenke, wo Kummer wohnt.

Möge ich danach streben,
nicht, dass ich verstanden werde, sondern dass ich verstehe,
nicht, dass ich Beistand erfahre, sondern dass ich beistehe,
nicht, dass ich geliebt werde, sondern dass ich in Liebe mitgehe.

Möge ich mir immer vor Augen halten:
Wer sein Leben hingibt, der empfängt,
wer sich selbst vergisst, der findet,
und wessen Selbstsucht stirbt, der erwacht zum ewigen Leben.

◇ ◇ ◇

*nach einem Friedensgebet,
das Franz von Assisi zugeschrieben wird*

◇ ◇ ◇

Zuflucht am Morgen

Namenloses – am Morgen
gedenke ich deiner;
was ist das, dessen ich gedenke,
am Morgen – die Quelle,
die ich anrufe, zu der ich gehe,
das Du, das mich leitet, begleitet,
die Klarheit aller Dinge.

Klarheit – am Morgen
gedenke ich deiner;
was ist diese Klarheit, derer ich gedenke,
am Morgen – Reinheit wie immer,
die ich anrufe, zu der ich gehe,
die Quelle, die mich leitet, begleitet,
der Ursprung aller Dinge.

Ursprung – am Morgen
gedenke ich deiner;
woher ich komme, wohin ich gehe,
wie das Wasser in den Bergen,
wie das Wasser in der Wüste,
das mich leitet, begleitet,
die Reinheit aller Dinge.

Reinheit von allem,
Ursprung, Quelle, Klarheit,
ich rufe dich an, Reinstes,
führe mich durch den Tag,
Reinheit der Reinheit,
Klarheit der Klarheit,
Quelle aller Dinge.

Quelle in allem,
reinige, kläre, belebe mich,
ströme in mir, ströme durch mich,
zu allem, was dieser Tag hervorbringt,
lass reinstes Wasser fließen,
zu allen, die zu mir kommen,
dass sie ein gütiges Herz finden.

Höchstes Gut dieses Lebens,
Quelle, Ursprung, Klarheit,
ich nehme Zuflucht zu dir,
lass mich deiner gedenken,
diesen Tag, diesen Morgen,
Reinheit des Herzens,
ich gehöre nur dir.

◇ ◇ ◇

Bitte um Anteilnahme

Möge ich niemals ein lebendes Wesen aufgeben,
weder zurücklassen, noch für aussichtslos erklären,
weder verabscheuen, noch für unerträglich halten
und weder Zweifel noch Ausweglosigkeit anbeten.

Möge ich mir immer klar darüber sein,
dass alle Wesen wie Spiegelbilder von mir sind
und dass das Ablehnen einiger Teile des Lebens
das Meistern des Lebens insgesamt verhindert.

Mögen die unmöglichen Wesen mich daran erinnern,
dass ich das Üben des Freiheitsweges gewählt habe,
um das Unmögliche möglich werden zu lassen,
möge ich mich erinnern, dass Übung den Meister macht.

◇ ◇ ◇

Bitte um Hingeneigtsein

Möge ich jedem Wesen so geneigt sein,
als wäre dies der letzte
und der einzige Tag in seinem Leben.

Möge ich jedes Wesen so ansehen,
als würde es im Sterben liegen.

Möge ich jedes Wesen so ansprechen,
als würde es unter Angst und Schwere leiden.

Möge ich jedes Wesen so berühren,
als würde es starke Schmerzen haben.

Möge das Denken heute wach sein
und achtsam im Umgang mit allen Wesen.

Möge das Reden heute klar sein
und langsam im Umgang mit allen Wesen.

Möge das Handeln heute zart sein
und behutsam im Umgang mit allen Wesen.

Möge ich freundlich, geduldig und sanft sein
und jedem Wesen so begegnen,
als wäre dies der letzte Tag seines Lebens.

◇ ◇ ◇

◇ ◇ ◇

Willensbekundung, den Weg der Freiheit zu erlernen

Ich gelobe, den Weg der Freiheit zu erlernen.
Ich gelobe, den Weg von Weisheit und Mitgefühl zu erlernen.
Ich gelobe, den Weg von Reinheit und Güte zu erlernen.
Ich gelobe, den Weg von Licht und Liebe zu erlernen.
Ich gelobe, den Weg des Friedens zu erlernen.

Ich gelobe, das Denken, Reden und Handeln zu reinigen.
Ich gelobe, das Denken, Reden und Handeln
        auf allumfassende Weisheit auszurichten.
Ich gelobe, das Denken, Reden und Handeln
        auf allumfassendes Mitgefühl auszurichten.
Ich gelobe, das Denken, Reden und Handeln
        auf vollkommene Lauterkeit auszurichten.

Ich gelobe, Selbstverliebtheit aufzugeben.
Ich gelobe, Bequemlichkeit aufzugeben.
Ich gelobe, Bitterkeit aufzugeben.
Ich gelobe, Besorgtheit aufzugeben.
Ich gelobe, Ekel und Verachtung aufzugeben.

Ich gelobe, der Sprache des Herzens zu dienen.
Ich gelobe, mich vor allen Wesen verneigen zu lernen.
Ich gelobe, alle Wesen vorbehaltlos achten zu lernen.
Ich gelobe, allen Menschen edelmütig helfen zu lernen.
Ich gelobe, alle Menschen bedingungslos lieben zu lernen.

Ich gelobe, Freigebigkeit zu entfalten.
Ich gelobe, materielle und geistige Güter freigebig zu verschenken
Ich gelobe, Furchtlosigkeit und Beherztheit freigebig zu verschenke
Ich gelobe, die Lehre der Freiheit freigebig zu verschenken.

Ich gelobe Tugendhaftigkeit zu entfalten.
Ich gelobe, auf jene Weise zu leben,
      welche im Einklang mit dem Gesetz des Lebens steht.
Ich gelobe, auf jene Weise zu denken,
      welche die Reinheit des Körpergeistes anstrebt.
Ich gelobe, auf jene Weise zu sprechen,
      welche die Sprache des Herzens erklingen lässt.
Ich gelobe, auf jene Weise zu handeln,
      welche Werke von Reinheit und Güte hervorbringt.
Ich gelobe, auf jene Weise zu arbeiten,
      welche Kräfte der Heilung freisetzt.
Ich gelobe, auf jene Weise mich anzustrengen,
      welche den Lebenden dient und ihnen beisteht.
Ich gelobe, auf jene Weise mich auszurichten,
      welche auf die Freiheit für alle Wesen achtet.
Ich gelobe, auf jene Weise mich zu sammeln,
      welche Weite, Tiefe und Freiheit mit sich bringt.

Ich gelobe, jene Geduld zu entfalten,
      die Ausdauer, Sanftmut und Demut umfasst.
Ich gelobe, mich in der Geduld zu üben,
      die das Versöhnen und Vergeben ermöglicht.
Ich gelobe, mich in der Geduld zu üben,
      die das Ertragen von Schmerzen ermöglicht.
Ich gelobe, mich in der Geduld zu üben,
      die das Entwickeln von Reinheit ermöglicht.

Ich gelobe, jene Kraft zu entfalten, die Lebensenergie freisetz

Ich gelobe, Ernsthaftigkeit zu entwickeln.

Ich gelobe, Entschlossenheit zu entwickeln.

Ich gelobe, Einsatzbereitschaft zu entwickeln.

Ich gelobe, Feuereifer zu entwickeln.

Ich gelobe, Standfestigkeit zu entwickeln.

Ich gelobe, Durchhaltevermögen zu entwickeln.

Ich gelobe, Umsetzungsvermögen zu entwickeln.

Ich gelobe, Tatkraft zu entwickeln.

Ich gelobe, auch in schwierigen Umständen
        ausgerichtet zu bleiben.

**Ich gelobe, jene Sammlung zu entfalten, die Freiheit
        in Denken, Reden und Handeln ermöglicht.**

Ich gelobe, jene Sammlung zu entwickeln,
        die durch das Wiederholen eines Wortes entsteht.

Ich gelobe, jene Sammlung zu entwickeln,
        die durch das Achten auf den Atem entsteht.

Ich gelobe, jene Sammlung zu entwickeln,
        die durch das Barfußgehen entsteht.

Ich gelobe, inmitten von Unruhe
        den Geist auf etwas auszurichten, das ruhig ist.

Ich gelobe, inmitten von Unzufriedenheit
        den Geist auf etwas auszurichten, das schlicht ist.

Ich gelobe, inmitten von Unmut
        den Geist auf etwas auszurichten, das zart ist.

Ich gelobe, das Denken frei zu halten von Deutungen,
        Glaubenssätzen und Erklärungsmustern.

Ich gelobe, das Denken frei zu halten von Einbildungen,
Vorstellungen und Darstellungen.
Ich gelobe, das Denken frei zu halten von Einschätzungen,
Urteilen und Gerichtsbarkeit.
Ich gelobe, die Stille der Freiheit aushalten zu lernen.

**Ich gelobe, jene Weisheit zu entfalten,
die vom Denken in Gegensätzen befreit.**

**Ich gelobe, verfeinerte Fähigkeiten zu entfalten
und sie zur Unterweisung aller Wesen einzusetzen.**

**Ich gelobe, diese hier ausgesprochene Willensbekundung
in jeglicher Hinsicht so zu entfalten,
dass ich fähig werde, allen Wesen zu helfen.**

**Ich gelobe, jene zarte Kraft geistiger Stärke zu entfalten,
die alle Wesen in der Befreiung unterstützt.**

**Ich gelobe, jene allumfassende Weisheit zu entfalten,
die vollständig frei von Verwirrung ist
und deren Freiheit allen Wesen hilft.**

Ich gelobe, den Weg der Freiheit zu erlernen.
Ich gelobe, das Denken, Reden und Handeln zu reinigen.
Ich gelobe, Selbstverliebtheit aufzugeben.
Ich gelobe, der Sprache des Herzens zu dienen.
Ich gelobe, dieses Leben dafür einzusetzen,
allen Wesen Frieden zu bringen.

◇ ◇ ◇

○ ○ ○ ○ ○ ○ ○ ○ ○

Gesänge in Licht und Freiheit

○ ○ ○ ○ ○ ○ ○ ○ ○

○ ○ ○

Lichtgesang in der Mitte der Nacht

Leuchte uns in unsrem nächtlichen Gesang.
Leuchte uns in tiefem Schlaf hellwach im Traum.
Leuchte uns in unsrer Glieder Müdigkeit.
Leuchte uns, Frieden von Uranfang.

Leuchte uns in der Nacht, Licht vom Lichte, leuchte uns.

Leuchte uns, Ohnmächtigkeit mit machtvollem Schmerz.
Leuchte uns, erfahr'nes Leid mit verborgenem Sinn.
Leuchte uns, Heilung im Leid als Schmerz offenbar.
Leuchte uns, Wahrhaftigkeit von Uranfang.

Leuchte uns in der Nacht, Licht vom Lichte, leuchte uns.

Leuchte uns, verzweifelt starke Hoffnungslosigkeit.
Leuchte uns als Zweifel, in dem Hoffnung erstarkt.
Leuchte uns als Nichts, denn nichts ist alles das.
Leuchte uns, Alles ist Eins von Uranfang.

Leuchte uns in der Nacht, Licht vom Lichte, leuchte uns.

(Halleluja.)

Leuchte uns: Du bist der Mond, der zeigt uns die Sonne.
Leuchte uns: Du bist die Sonne, die ruft uns den Tag.
Leuchte uns: Du bist der Tag, der uns Nahrung schenkt.
Leuchte uns: Du bist uns Nahrung von Uranfang.

Leuchte uns in der Nacht, Licht vom Lichte, leuchte uns.

Leuchte uns: Du bist die Quelle, die Wüsten begrünt.
Leuchte uns: Du bist die Wüste, die weit uns werden lässt.
Leuchte uns: Du bist die Weite, die Freiheit uns gibt.
Leuchte uns: Du bist uns Freiheit von Uranfang.

Leuchte uns in der Nacht, Licht vom Lichte, leuchte uns.

Leuchte uns: Du bist der Samen, der Sterben sich erwählt.
Leuchte uns: Du bist der Tod, der weiter noch lebt.
Leuchte uns: Du bist das Leben, das Schöpfung gebiert.
Leuchte uns: Du bist uns Schöpfung von Uranfang.

Leuchte uns in der Nacht, Licht vom Lichte, leuchte uns.

(Halleluja.)

Leuchte uns: Ich bin das Wesen aller lichten Dunkelheit.
Leuchte uns: Ich bin der Name, der keine Namen kennt.
Leuchte uns: Ich bin, was war, was ist und was kommt.
Leuchte uns: Ich bin da von Uranfang.

Leuchte uns in der Nacht, Licht vom Lichte, leuchte uns.

Leuchte uns: Ich bin der Berg im tiefsten Ozean.
Leuchte uns: Ich bin Wind in Brise und in Sturm.
Leuchte uns: Ich bin, was lacht und was weint.
Leuchte uns: Ich bin Liebe von Uranfang.

Leuchte uns in der Nacht, Licht vom Lichte, leuchte uns.

Leuchte uns: Ich bin das Sichtbare im unsichtbaren Raum.
Leuchte uns: Ich bin die Klarheit im grenzenlosen Sein.
Leuchte uns: Ich bin der Weg zum Tor, das offen steht.
Leuchte uns: Ich bin all das von Uranfang.

Leuchte uns in der Nacht, Licht vom Lichte, leuchte uns.

(Halleluja.)

◦ ◦ ◦
der Lichtgesang kann zur Melodie
des Chorteiles des Hymnos Akathistos gesungen werden,
siehe www.youtube.com/watch?v=QXlimWj_zsg
der Einsatz „Leuchte uns" liegt dabei auf dem Text „Réjouis-toi"

◊ ◊ ◊

Einander erinnern

Angst auf unsren Wegen,
Angst vor Finsternis,
Angst vor Fluch und Segen –
seh'n wir weiter nichts?

Liebe uns'res Herzens, bleib uns in der Nacht,
steh uns bei und halte bitte in uns Wacht.

Kalt ist uns der Morgen,
kalt ist jeder Tag,
kalt sind wir in Sorgen –
sind wir so erstarrt?

Liebe unsres Herzens, bleib uns in der Nacht,
steh uns bei und halte bitte in uns Wacht.

Sucht treibt durch das Leben,
Sucht treibt uns in Leid,
Sucht sagt: Weiterstreben –
macht das wirklich frei?

Liebe unsres Herzens, bleib uns in der Nacht,
steh uns bei und halte bitte in uns Wacht.

Hart sind wir im Nehmen,
hart gegen uns selbst,
hart lebt in Extremen –
dient das dieser Welt?

Liebe unsres Herzens, bleib uns in der Nacht,
steh uns bei und halte bitte in uns Wacht.

Stolz liebt Ich-Gedanken
Stolz bringt uns zu Fall
Stolz lässt uns erkranken –
ist uns das nicht klar?

Liebe unsres Herzens, bleib uns in der Nacht,
steh uns bei und halte bitte in uns Wacht.

Licht der stillen Herzen,
Licht, das heller scheint,
Licht in allen Schmerzen –
lass uns leuchtend sein.

Licht der stillen Herzen, bleib uns in der Nacht,
leuchte uns und halte bitte in uns Wacht.

○ ○ ○

dieser Gesang kann zur Melodie des Liedes
„Met de boom des levens" gesungen werden
siehe www.youtube.com/watch?v=aznPE5tW2gU

Please call me by my true names

Don't say that I will depart tomorrow –
Even today I am still arriving.
Look deeply: every second I am arriving
to be a bud on a spring branch,
To be a tiny bird, with still-fragile wings,
learning to sing in my new nest,
To be a caterpillar in the heart of a flower,
To be a jewel hiding itself in a stone.
I still arrive, in order to laugh and to cry,
to fear and to hope.
The rhythm of my heart is the birth and death
of all that is alive.
I am a mayfly metamorphosing on the surface of the river.
And I am the bird that swoops down
to swallow the mayfly.
I am a frog swimming happily in the clear water of a pond.
And I am the grass-snake that silently feeds itself on the frog.
I am the child in Uganda, all skin and bones,
my legs as thin as bamboo sticks,
And I am the arms merchant,
selling deadly weapons to Uganda.
I am the twelve-year-old girl, refugee on a small boat,
who throws herself into the ocean
after being raped by a sea pirate.
And I am the pirate,
my heart not yet capable of seeing and loving.

I am a member of the politburo
with plenty of power in my hands
and I am the man
who has to pay his "debt of blood" to my people,
dying slowly in a forced labor camp.

> My joy 's like spring, so warm
> it makes flowers bloom all over the earth.
> My pain 's like a river of tears,
> so vast it fills the four oceans.
> Please call me by my true names,
> so I can hear all my cries and laughter at once,
> so I can see that my joy and pain are one.
> Please call me by my true names,
> so that I can wake up
> and the door of my heart
> could be left open,

the door of compassion.

◇ ◇ ◇

dieses Gedicht, durch Thich Nhat Hanh entstanden,
ist Vorlage für das Lied „Please call me by my true names",
das durch die Gemeinschaft von Plumvillage überliefert ist,
der Text, der gesungen wird, ist hier eingerückt dargestellt,
siehe www.youtube.com/watch?v=2-0hYVvB4hc

◇ ◇ ◇

No wait

No wait. No wait.
No wait for me to change your life.
Look to the miracle going on inside you.
You are the farmer, you are your field.
Tend to your land and grow your freedom.

No wait. No wait.
No wait for anything, take to the sky.
You are a phoenix rising. You are a monarch butterfly.
Survey your kingdom with awakened eyes,
See the spring and summer in the winter moonlight.

No wait. No wait.
Don't wait for anyone for your peace of mind.
Know your rhythm and bide your time.
You are a living miracle in constant change.
And when you see this clearly, nothing will contain you.

No wait. No wait.
You are the farmer, you are your field.
Tend to your land and grow your freedom.
Survey your kingdom with awakened eyes,
And when you see this clearly, nothing will contain you…

◇ ◇ ◇

„No wait" ist durch The Nghiem entstanden und durch die
Gemeinschaft von Plumvillage überliefert,
siehe www.youtube.com/watch?v=qnh5wA-DYUs

◇ ◇ ◇

Einander ermutigen

Geh los. Fang an.
Wart nicht auf irgendwas, neu anzufangen,
die Saat zu säen, den Baum zu pflanzen;
erkenn' dich selbst als einen Garten
und lass die Freiheit heut' in dir wachsen.

Leg los. Fang an.
Wart nicht auf Sonnenschein, fliegen zu lernen,
du bist die Asche, sie lässt dich Phönix sein;
erheb' dich hoch hinauf, bis zu den Sternen,
sieh alles, was du bist, dein ganzes Königreich.

Flieg los. Fang an.
Wart auch nicht auf den Tod, um loszulassen,
nutz' diesen einen Tag, Frieden zu üben;
nichts ist beständig, du wächst und fliegst,
wenn du das sehen kannst, kannst du frei leben.

Zieh los. Fang an.
Wart bitte nicht auf mich, um anzufangen,
du bist ein Phönix, du bist ein Himmelreich,
du bist ein Grashalm, du bist das Licht
du bist der Regen, du kannst ein Segen sein.

◇ ◇ ◇

dieser Gesang ist angelehnt an das Lied „No wait",
er kann zu dessen Melodie gesungen werden,
siehe www.youtube.com/watch?v=qnh5wA-DYUs

◦ ◦ ◦

Einander beistehen

Sie ist ein Licht, sie ist die Nacht
und ruhen Engel, ist sie sacht.
Hoch auf dem Berg ist sie ein Weg,
von Meer zu Meer ist sie ein Steg.
Sie ist ein Lied, sie ist ein Ohr,
sie steht mir bei von Tor zu Tor.

    Sie steht mir bei, sie steht mir bei,
    sie steht mir bei von Tor zu Tor.

Lieg ich am Abgrund ohne Grund,
bin ich verwirrt und müd' und wund,
ist jeder Flügel mir entzwei
und bin ich nackt und vogelfrei
und bring' ich keinen Laut hervor,
sie steht mir bei von Tor zu Tor.

    Sie steht mir bei, sie steht mir bei,
    sie steht mir bei von Tor zu Tor.

Mit off'nem Ohr und tausend Armen
steht sie da, sich zu erbarmen.
Sie führt hindurch, durch Raum und Zeit,
durch Augenblick und Ewigkeit.
In Tod und Nacht tritt sie hervor,
sie steht mir bei von Tor zu Tor.

    Sie steht mir bei, sie steht mir bei,
    sie steht mir bei von Tor zu Tor.

Ich steh' dir bei, ich steh' dir bei,
ich steh' dir bei von Tor zu Tor.

Liegst du am Abgrund ohne Grund,
bist du verwirrt und müd' und wund,
ist jeder Flügel dir entzwei
und bist du nackt und vogelfrei
und bringst du keinen Laut hervor,
ich steh' dir bei von Tor zu Tor.

Ich steh' dir bei, ich steh' dir bei,
ich steh' dir bei von Tor zu Tor.

Ich bin ein Licht, ich bin die Nacht
und ruhen Engel, bin ich sacht.
Hoch auf dem Berg bin ich ein Weg,
von Meer zu Meer bin ich ein Steg.
Ich bin ein Lied, ich bin ein Ohr,
ich steh' dir bei von Tor zu Tor.

Ich steh' dir bei, ich steh' dir bei,
ich steh' dir bei von Tor zu Tor.

◦ ◦ ◦

dieser Gesang ist angelehnt an das Lied „She carries me",
das durch Jennifer Berezan entstanden ist,
er kann zu dessen Melodie gesungen werden
siehe www.youtube.com/watch?v=Ua5AO2Py_Xc

ｏ ｏ ｏ

Sich verneigen

Sie, die hört die Stimmen dieser Welt, hört mein Wort
– ich verneige mich vor dir.

Sie, die hört die Schreie der Gefang'nen, hört mein Schrei'n
– ich verneige mich vor dir.

Sie, die jede Angst im Kampf beruhigt, befreit mich von Angst
– ich verneige mich vor dir.

Sie, die Wesen rettet in Lebensgefahr, rettet mich
– ich verneige mich vor dir.

Sie, die hört, wenn Obdachlose beten, hört mein Gebet
– ich verneige mich vor dir.

Sie, die Wünsche von Kinderlosen gewährt, gewährt meinen Wunsc
– ich verneige mich vor dir.

Sie, die Todesängste aufzeigt, hilft auch mir in Angst
– ich verneige mich vor dir.

Sie, die jede stille Freude kennt, kennt meine Freude
– ich verneige mich vor dir.

Sie, die hört, wenn Wesen nach ihr rufen, hört meinen Namen
– ich verneige mich vor dir.

Sie, die hört die Stimmen dieser Welt, hört mein Lied
– ich verneige mich vor dir.

ｏ ｏ ｏ

dieser Gesang ist eine Übersetzung des Liedes „She who hears the voices of the world" , das durch David Rounds entstanden ist, siehe www.youtube.com/watch?v=C2E4taUZUPU [Gesang und englischer Text sind zu finden bei 01:08:50]

◇ ◇ ◇

Weise und barmherzig sein

Unser Geist ist eins
und strahlend wie das Licht – so sei
auch der Frieden hier
in allen Herzen leuchtend hell vereint.

Wenn heut' die Menschen seh'n,
wie Hände durch ihr freies Geben Freiheit sind,
mögen sie versteh'n,
wie Weisheit und Barmherzigkeit gescheh'n.

Voll Früchte sei der Baum,
der aus der Saat der Güte wächst,
er stille jedes Herz
in Trauer, Sorge, Dunkelheit und Schmerz.

Das Leid verwandelt sich,
wo uns're Herzen eine Einheit sind –
so lasst uns weise und barmherzig sein,
ja, lasst uns weise und barmherzig sein.

◇ ◇ ◇

dieser Gesang ist angelehnt an das Lied
„Dedication of Merit", das durch Heng Sure entstanden ist,
er kann zu dessen Melodie gesungen werden
siehe www.movedbylove.org/projects/tunes/131

◌ ◌ ◌

Dedication of Merit

May every living being,
Our minds as one and radiant with light,
Share the fruits of peace
With hearts of goodness, luminous and bright.
If people hear and see,
How hands and hearts can find in giving, unity,
May our minds awake,
To Great Compassion, wisdom and to joy.

May kindness find reward,
May all who sorrow leave their grief and pain;
May this boundless light,
Dispel the darkness of their endless night.

Because our hearts are one,
This world of pain turns into Paradise,
May all become compassionate and wise,
May all become compassionate and wise.

◌ ◌ ◌

dieser Gesang, durch Heng Sure entstanden,
kann zur Melodie des Liedes „The Dark Night of the Soul",
durch Loreena McKennit entstanden, gesungen werden
siehe www.movedbylove.org/projects/tunes/131

◇ ◇ ◇

Nachwort

Die Erinnerungen in diesem Buch, die in Form von Gesängen, Gebeten und Gedenken jene Menschen begleiten, denen der Weg des Friedens am Herzen liegt, sind einem gemeinschaftlichen Leben entsprungen. Die Erfahrung im Alltag zeigt, dass es Zeiten der Erinnerung braucht, um auf Dauer, fest verwurzelt, in die Freiheit des Himmels hineinwachsen zu können.

Eine Gefährtenschaft, die den Weg des Friedens, den Weg der Freiheit, den Weg des Lichtes mitträgt, unterstützt die Ausrichtung auf ein Leben in Liebe und Güte, Weisheit und Mitgefühl, Freude und Hingabe. An dieser Stelle sei der Gefährtenschaft erinnert, die über das Internet zugänglich ist. Auf den folgenden Webseiten sind beispielhaft Menschen zu finden, die mit ihrem Leben bezeugen, dass es möglich ist, im Licht der Freiheit zu leben:

www.movedbylove.org
www.gurusfeet.com
www.batgap.com
www.taize.org
www.plumvillage.org
www.berkeleymonastery.org

Einige von ihnen zeigt der Dokumentarfilm:
With One Voice. 2009. Die gemeinsame Stimme der Religionen. Filmproduktion: Forest Way P., Canyon P. USA.

◇ ◇ ◇

◇ ◇ ◇

Der Panther ...

Sein Blick ist vom Vorübergehn der Stäbe
so müd geworden, dass er nichts mehr hält.
Ihm ist, als ob es tausend Stäbe gäbe
und hinter tausend Stäben keine Welt.

Der weiche Gang geschmeidig starker Schritte,
der sich im allerkleinsten Kreise dreht,
ist wie ein Tanz von Kraft um eine Mitte,
in der betäubt ein großer Wille steht.

Nur manchmal schiebt der Vorhang der Pupille
sich lautlos auf –. Dann geht ein Bild hinein,
geht durch der Glieder angespannte Stille –
und hört im Herzen auf zu sein.

Gedanken von Rainer Maria Rilke ...

... und seine Freiheit

Und hört es auf das Sein in einem Wesen
aus eingeleibter Gitterillusion
und steht das Herz, als sei es auserlesen,
in Nacktheit da, erzittert ihm ein Ton.

Ein Ton, aus wundem Klang sich zu erheben,
der selbst den Lebensmüden Milde singt,
der lehrt, das alte Sehen hinzugeben
und offenbart, wie neues Sehen klingt.

Kein Zauber ist verwandt mit diesem klaren,
so unerhörten Schauen keiner Welt,
das sich inmitten Tausender nur wahren,
hineingeliebten Herzen unterstellt.

Hyänen mögen sich das Maul zerreißen,
wie zu zerfleischen sei, das zarte Herz,
das keine Härte kennt, sich fest zu beißen,
das einzig Ton ist, wie der Weisen Schmerz.

... und eine Fortsetzung der Gedanken

*Hinweis auf eine bisherige Veröffentlichung
der Blauen Zelle des Friedens:*

~ ~ ~

Der Gesang des Friedens

ISBN: 978-3-7431-5974-7

2017, Hardcover, 140 Seiten, 18 Euro

Der Gesang des Friedens ist eine Antwort auf die Frage zweier Großväter an eine Eremitin, wie das Leben zu leben sei. Die Antwort zeigt einen Weg auf, welcher in der Tradition der Liebe zum Guten und in der Tradition der Einheit von Weisheit und Mitgefühl steht. Beiden Traditionen liegen Übungen zu Grunde, die dabei helfen, das Leben auf eine, dem menschlichen Dasein entsprechende, bestmögliche Weise zu meistern.

Der Weg des Friedens beschreibt in 108 Übungen, was das Leben unterstützt und wie es möglich ist, in Frieden zu leben. Der Gesang des Friedens ist die Essenz all jener Übungen, die in den bisher unveröffentlichten Aufzeichnungen, mit dem Titel „Frieden üben", ausführlicher dargelegt sind.

~ ~ ~